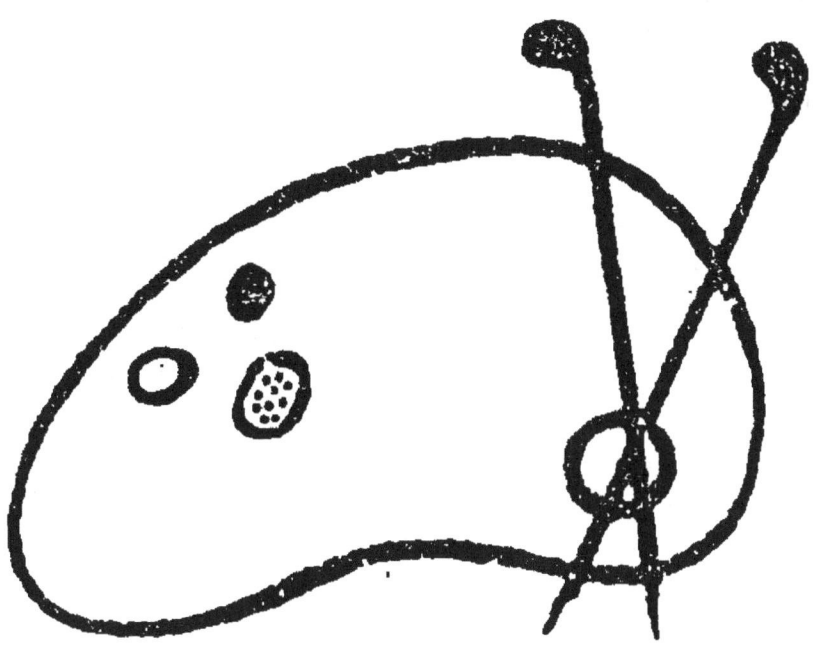

Début d'une série de documents
en couleur

LA COMMUNE
DE
COMPIÈGNE
1153-1315

PAR

M. le Chanoine MOREL

Curé de Cuvergnon
Correspondant du Ministère de l'Instruction publique

COMPIÈGNE
IMPRIMERIE HENRY LEFEBVRE
31, RUE DE SOUVRINS, 31

1901

COMPIÈGNE
IMPRIMERIE HENRY LEFEBVRE
31, RUE DE SOLFERINO, 31

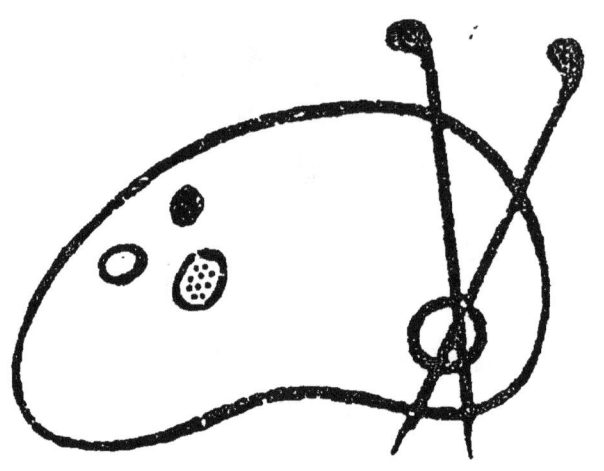

Fin d'une série de documents en couleur

LA COMMUNE

DE

COMPIÈGNE

1153-1319

PAR

M. le Chanoine MOREL

Curé de Chevrières

Correspondant du Ministère de l'Instruction publique

COMPIÈGNE

IMPRIMERIE HENRY LEFEBVRE

31, RUE DE SOLFERINO, 31

1901

LA COMMUNE DE COMPIÈGNE

1153-1319

I

Il est difficile de préciser l'époque où se constitua la commune de Compiègne. Sa reconnaissance officielle ne date que du milieu du XII° siècle ; cependant elle existait de fait longtemps auparavant. Les privilèges que les habitants de la ville obtinrent des rois de France en font foi.

Louis le Gros leur octroya une charte qui présente tous les caractères des lettres de sauvegarde, mais en même temps fait à tous les mêmes concessions. Cette charte ne peut être appelée charte de commune, et pourtant elle a pour but de pourvoir à la sécurité et au bien-être de toute la communauté, composée alors, comme maintenant, de clercs et de laïcs, de riches et de pauvres, *tam clerici quam laici, pauperes seu divites, omnes ejus acolæ*. Elle met fin à divers abus dont cette communauté avait eu à se plaindre. Elle lui trace certaines règles de procédure, passe condamnation sur plusieurs griefs et lui facilite les approvisionnements.

La *Villa Compendium* était particulièrement chère aux rois pour deux motifs. Ils l'aimaient d'abord à cause de son sanctuaire vénéré, l'église de Saint-Corneille, où l'on conservait le Saint Suaire du Sauveur *ob dignitatem singularis sanctuarii*. Ils l'avaient encore en affection à raison des nombreux agréments qu'ils y trouvaient *ususque sui multiplicitatem*. C'était leur résidence favorite, *sedes sua quodam amoris privilegio cara.* Telles furent les considérations qui déterminèrent Louis le Gros à traiter avec une faveur spéciale la communauté de Compiègne. Les concessions faites par sa charte portent sur sept points :

1° *La sauvegarde.* — Tout habitant de Compiègne jouira d'une sécurité absolue, s'il ne commet aucun délit dont la justice doive lui demander compte ;

2° *La prise de corps.* — Nul ne pourra être appréhendé au corps par le roi ou par ses officiers en son nom, à une distance moindre que cinq lieues, si ce n'est pour flagrant délit. Il n'est fait d'exception que pour les propres sergents du roi ;

En cas de flagrant délit, à moins de transaction amiable, la réparation devra être faite au prorata du délit ;

3° *Le sauf-conduit pendant les procédures.* — Si le roi ou ses officiers ont à se plaindre de quelqu'un, l'accusé sera jugé par le seigneur dont il dépend. *Ad eum sub cujus potestate qui accusatur manserit.* Il jouira d'une pleine et entière sécurité jusqu'au jour du plaid. Les plaintes seront reçues et la cause examinée en toute justice à Compiègne, autant que possible par la juridiction compétente, *quantum potestas illa secundum justitiam poterit aut debebit. Compendii clamatores recipere non recusent.* Si l'inculpé refuse de se soumettre à la juridiction de son seigneur, *si per potestatem prædictam exequi venuerit justitiam*, il aura encore, dès que l'ajournement et le renvoi à une autre juridiction auront été prononcés *induciis et datis*, la faculté de s'en aller en toute sécurité sans rien payer, *sine pecunia*, partout où il voudra *quolibet* tout le jour et toute la nuit du plaid ; mais passé ce délai, il ne devra plus compter sur aucune protection de la part du roi ;

4° *La taxation des amendes.* — Si, après jugement, l'argent laissé pour l'amende et la réparation du dommage ne suffit pas, on ne pourra, après l'avoir reçu, rien exiger de plus de celui qui aura donné satisfaction à la justice. *Si relicta pecunia legi non sufficit et emendationi, ea suscepta, nichil ultra ab eo qui justitiam fecerit, exigatur.* Mais si la somme versée dépasse le chiffre porté pour l'amende, le surplus sera rendu ;

5° *Les dommages causés par les animaux.* — Toutes les fois que les sergents royaux déclareront avoir surpris les bœufs, vaches, bêtes de somme, porcs, brebis ou autres animaux des habitants de Compiègne, causant du dommage dans les champs, et que le gardien de ces animaux niera le fait, les sergents pourront, s'ils le veulent, recourir au serment pour attester la vérité de leur déclaration. Et alors, le gardien devra racheter ces animaux, qu'il y en ait un ou plusieurs, appartenant à une ou plusieurs personnes, en payant l'amende marquée par la coutume, c'est à-dire deux sous, *lege qua vivit, duobus videlicet solidis.* Celui qui aura subi le dommage en sera indemnisé après l'évaluation ;

6° *Les défrichements.* — Les essarts faits jadis dans la forêt par les habitants de Compiègne, à grands frais et grands labeurs, bien que laissés, par ordre exprès, sans culture et à l'abandon, depuis longtemps, pourront être désormais cultivés par les premiers défricheurs et leurs héritiers. Cette concession est faite pour le repos de l'âme du roi Philippe Ier et pour le salut du roi régnant ; mais il est défendu de faire à l'avenir aucun autre essart en forêt ;

7° *La protection des marchands.* — Toute personne se rendant au marché de Compiègne, si elle ne fait alors aucun tort, sera, autant que cela peut dépendre du roi, à l'abri des poursuites pour délits antérieurs, aussi bien à l'aller qu'au retour.

Louis VI s'engagea en son nom et au nom de ses successeurs à maintenir cette charte à perpétuité, et voulut que son lieutenant ou vicaire en fît pour lui le serment *vicario pro nobis sacramento firmari præcepimus.* A sa prière, Lysiard, évêque de Soissons, de concert avec le doyen de Saint-Corneille et un grand nombre de prêtres de la ville, déclara soumis à l'excommunication toute personne qui essaierait de contrevenir à l'ordonnance royale. Lysiard de Crespy fut évêque de Soissons de 1108 à 1126. Louis-le-Gros commença son règne en 1108. C'est donc dans l'intervalle de 1108 à 1126 que les Compiégnois obtinrent ces lettres de sauvegarde dans lesquelles leur commune se trouve implicitement reconnue.

En 1120, la communauté des habitants de Compiègne *homines de Compendio* adressa une pétition au roi pour protester contre l'altération projetée de leur monnaie. Déjà deux affaiblissements successifs, l'un datant de 1103 et l'autre de 1112, en avaient singulièrement abaissé le titre.

En 1120, il s'y trouvait une moitié d'alliage. Louis VI fit droit à cette réclamation. Dans une charte, donnée à Paris, il déclara qu'il respecterait la volonté des hommes de Compiègne *voluntatem hominum de Compendio*, qu'il renonçait à toucher à leur monnaie, à raison du trouble excité dans *leur* ville par sa proposition, et qu'il continuerait indéfiniment à laisser en circulation chez eux la monnaie *ad medietatem* ou à 5/10 d'alliage en usage sous ses prédécesseurs.

II

Trente-trois ans plus tard, en 1153, son fils octroya officiellement aux Compiégnois leur Charte de Commune. Voici en quelles circonstances. Les clercs établis jusque-là au monastère de Saint-Corneille venaient d'y être pour leur inconduite remplacés par des religieux bénédictins de l'ordre de Cluny. Cette mesure les mit en fureur. Au mépris de l'autorité royale, aidés de parents de haute lignée, ils accablèrent les moines de mauvais traitements et brisèrent tout le mobilier du couvent. Il fallut user de la force pour les expulser des édifices claustraux et y réintégrer les Bénédictins. C'est alors, pour nous servir des termes mêmes de la charte royale, qu'en vue de la paix, des avantages du monastère et de la sécurité des serviteurs de Dieu, d'après les conseils de Samson, archevêque de Reims, d'Eudes, abbé de Saint-Denis, à la prière aussi de la reine-mère Adélaïde, qui avait Compiègne dans son domaine, et enfin sur la demande de Guillaume de Flogny, abbé de Saint-Corneille, il permit aux bourgeois de Compiègne de se constituer définitivement en Commune et enjoignit à tous ceux qui désormais habiteraient soit dans l'enceinte de la ville ou ferté, *intra firmitatem*, soit en dehors, dans les faubourgs extra *in burgo*, aussi loin que la ville pourrait s'étendre, de donner leur adhésion à cette commune, sous la foi du serment. Il ne fut fait d'exception que pour les chevaliers de Dreux de Pierrefonds et ses hommes de chevage, alors résidant à Compiègne. Le serment d'observer tous les articles de la charte communale fut aussitôt prêté, sur l'ordre du roi, par Guy le Bouteiller, Thierry, Galerand, Ancel de l'Isle ; et en outre, sur l'ordre de la reine par Louis de Choisy, Payen de Bétbisy; puis de la part de l'abbé, par Claron fils de Boson. Les habitants de Compiègne firent ensuite le même serment entre eux. Ainsi la Commune fut jurée par la noblesse, le clergé et le peuple.

Les articles de la Charte communale, au nombre de dix-huit ont trait à autant de questions d'intérêt public.
Ce sont :

1° *L'assistance mutuelle*. — Tous les communiers se prêteront mutuellement secours. Ils ne toléreront parmi eux ni vol ni exaction ; mais ils feront crédit à l'abbé de Saint-Corneille, pendant trois mois, pour le pain, la viande et les poissons. Les pêcheurs forains ne lui feront crédit que quinze jours et sous la responsabilité de la commune;

2° *La répression des délits*. — Tous les délits, sauf

les attentats contre la paix et la sécurité de la ville et les crimes prémédités, *exceptis infractionibus villæ et veteri odio*, seront punis de cinq sous d'amende ;

3° *La levée du tonlieu, ou droit sur le transport des denrées ou marchandises.* — Le tonloyer ou collecteur du tonlieu ne pourra réclamer cet impôt après coup qu'autant qu'il indiquera le jour où le droit devait être payé, et l'objet pour lequel il était dû, sinon sa sommation restera sans effet. Mais, s'il indique le jour, ou que l'on ne puisse affirmer le contraire par serment, on payera cinq sous d'amende ;

4° *La prestation du serment.* — Si un communier tenu à faire serment à quelqu'un, déclare, avant l'époque fixée pour la prestation du serment, qu'il est obligé de partir, il n'aura pas à retarder pour cela son voyage, mais, à son retour, il s'acquittera de cette obligation au premier avis ;

5° *Les assignations en justice.* — Si l'archidiacre ou grand administrateur veut faire assigner quelqu'un en justice, il devra préalablement présenter sa requête, à moins que le délit ne soit public, sinon sa demande sera rejetée. Si, cependant, il produit un témoin contre lequel l'accusé ne puisse se défendre, ce dernier payera l'amende ;

6° *Le formariage.* — Les communiers pourront épouser n'importe quelle femme, après en avoir obtenu la permission de leurs seigneurs respectifs. Si cette permission est refusée, que l'on passe outre et que le seigneur proteste, on ne devra payer que cinq sous d'amende ;

7° *La capitation.* — Les hommes de corps ou de chevage payeront à leurs seigneurs le cens qui leur est dû, mais s'ils négligent de s'acquitter de ce devoir au jour fixé, ils payeront cinq sous d'amende ;

8° *Les insultes et les torts envers les communiers.* — Si quelqu'un forfait à un communier et que plainte soit portée aux jurés, ceux-ci feront appréhender au corps le coupable, en tant que faire se pourra, et feront justice sur sa personne, à moins que ce dernier n'ait fait une réparation convenable suivant le jugement des conservateurs ou administrateurs de la commune. Si le malfaiteur s'est enfui, les jurés transmettront leur plainte au seigneur ou aux notables du lieu où il s'est retiré, afin d'en obtenir justice ; s'ils essuyent un refus, il leur sera loisible d'exiger une satisfaction personnelle ou pécuniaire du coupable et des hommes du lieu où il se sera réfugié ;

9° *La protection des marchands.* — Les marchands, victimes d'une injustice à moins d'une lieue de la ville, s'en plaindront aux jurés. Si le coupable se trouve en ville, les jurés en feront justice à leur entendement, à moins que le marchand ne soit un ennemi de la commune. Au cas où le coupable irait chercher quelque part un refuge, si le marchand ou les jurés le somment de donner une réparation convenable et qu'il s'exécute raisonnablement, suivant leur appréciation, on le laissera tranquille, sinon les jurés en feront justice, pourvu toutefois qu'on le prenne dans la ville ;

10° *La rentrée en ville de gens ayant forfait.* — Nul, sauf le roi ou son sénéchal, ne pourra ramener en ville une personne ayant offensé un communier, à moins de réparation suffisante au dire des conservateurs ou magistrats de la commune. Si, par inadvertance, l'abbé de Saint-Corneille faisait rentrer en ville un homme ayant forfait à un communier, il pourra, cette fois seulement, après qu'on lui aura fait voir sa méprise, faire sortir le coupable, mais il devra s'abstenir désormais de le ramener, si ce n'est avec la permission des gouverneurs de la commune ;

11° *Les prêts d'argent* — Les communiers ayant prêté de l'argent avant d'avoir juré la commune, feront valoir leurs droits et tâcheront de rentrer en possession de cet argent par tous les moyens possibles ; mais quant à l'argent prêté après avoir juré la commune, ils ne pourront faire arrêter personne si ce n'est pour dettes ou absence de garantie;

12° *L'asile donné aux étrangers pour la conservation de leurs biens.* — Si un étranger vient mettre en sûreté son pain et son vin à Compiègne, et qu'il s'élève un différend entre lui et les gens de la ville, cet étranger aura quinze jours pour vendre son pain et son vin en ville, en emporter les deniers ou tout autre argent, mais non son pain et son vin. On le traitera différemment s'il a forfait ou aidé à forfaire;

13° *Les prêts aux ennemis.* — Aucun communier ne prêtera son argent ni autre chose aux ennemis de la ville, tant que durera la guerre. S'il était prouvé que quelqu'un eût prêté quoi que ce fût aux ennemis, on en ferait justice suivant le jugement des administrateurs de la commune;

14° *Les conversations avec les ennemis.* — Si parfois, les hommes de la ville faisaient une sortie contre leurs ennemis, ils n'entreraient en conversation avec ces ennemis qu'après en avoir obtenu la permission des administrateurs;

15° *L'impartialité des jurés dans leurs fonctions.* — Les hommes préposés à la charge de jurés se feront un scrupule de ne favoriser personne par raison d'amitié ou de parenté, de ne léser personne par inimitié, et de rendre correctement la justice suivant leur conscience;

16° *L'obligation de jurer la commune.* — Tous les hommes qui habitent dans l'enceinte de la ville ou en dehors des murs devront jurer la commune, quelle que soit la terre où ils demeurent. Celui qui refusera de jurer en rendra raison sur sa maison et sa fortune à ceux qui auront juré;

17° *La réparation des torts faits par les communiers.* — Si un communier commet quelque délit et refuse de le réparer sur l'avis des jurés, les hommes de la commune en feront justice;

18° *L'obligation de se rendre aux assemblées commu-*

nales. — Si quelqu'un refuse de se rendre a l'assemblée communale, au son de la cloche, il payera 12 deniers d'amende, environ 12 sous, 6 francs de notre monnaie.

III

De quoi se composait la ville de Compiègne en 1153 ? Suivant la charte de commune, il s'y trouvait deux parties bien distinctes, la *firmitas* et les *burgi*. Dans un accord du 28 janvier 1284 (1285 n. s.), entre Milon de Basoches, évêque de Soissons, et l'abbaye de Saint-Corneille au sujet de la juridiction à laquelle devaient être soumis les clercs de Compiègne, la *firmitas* est appelée *castrum* enceinte fortifiée. Cette *firmitas* ou ferté était, en effet, défendue par des murs ou des tours, au nombre de sept, dont la configuration est nettement accusée sur les plans du xvii° siècle. Les *burgi* étaient des réunions d'habitations en dehors des murs. On les nommait souvent *burgi forenses*, dont on a fait forsbourgs, et enfin faubourgs. Ils étaient accessibles à tout venant comme les simples villages, bien qu'ils fissent partie de la ville et fussent assujettis à ses coutumes. Tous les habitants, qu'ils appartinssent à la ville close *burgo clauso* ou aux bourgs forains *burgis forensibus*, avaient le titre de bourgeois *burgenses*. A leur tête, fut placé un magistrat supérieur qui porta d'abord le nom d'*archidiaconus*, échangé plus tard contre celui de *major*.

Le terme grec latinisé *archidiaconus*, grand administrateur, est emprunté au langage ecclésiastique. Les diocèses, comme certaines abbayes, avaient leurs archidiacres avec lesquels les évêques et les abbés partageaient les charges de l'administration. L'identification des termes *archidiaconus* et *major* ressort de ce fait que Philippe-Auguste, confirmant, en 1209, à Anet, la charte de commune de Compiègne, la reproduit textuellement ou avec de légères variantes, mais y remplace le titre d'*archidiaconus*, tombé en désuétude, par celui de *major*.

L'archidiacre ou maire avait sous lui les jurés. On les appelait ainsi parce que choisis pour aider le maire dans ses fonctions, ils avaient, en dehors du serment ordinaire de se conformer au régime de la commune, spécialement juré de défendre en tout, partout et toujours, les intérêts de cette commune. La charte de 1153, pour les qualifier, se sert de ces expressions *illi qui communionem servaverint, custodierint*, ceux qui défendent, gardent la commune, ou encore *statuti ad hoc homines juraverunt*, les hommes désignés à cet effet ont juré.

A Beauvais, ils étaient au nombre de douze et prenaient le nom de pairs, *pares*, les égaux.

A Compiègne, nous n'en savons pas le nombre.

En 1406, Charles VI commit douze bourgeois à la connaissance des affaires de la ville. Ce jury de douze membres n'aurait-il pas été institué en souvenir d'un nombre égal de jurés remplissant les mêmes fonctions un siècle auparavant ?

Il existe une grande ressemblance entre la charte communale de Beauvais et celle de Compiègne. On ne s'en étonne plus, lorsque parcourant cette dernière, on arrive à cette mention toute spéciale, insérée vers la fin : « Les hommes de la commune de Beauvais interrogés par nous, dit le Roi, relativement aux conditions dans lesquelles était établie leur commune, ont fait cette réponse : Depuis le jour où nous avons juré la commune, nous n'avons plus connu de main-morte à Beauvais. Ce fait nous pouvons l'affirmer par serment. »

IV

La ville de Compiègne doit encore à Louis VII d'autres faveurs, qui ont été grandement utiles au bon fonctionnement de son régime communal. Pendant son séjour à

Compiègne en 1179, ce prince lui abandonna : 1° Sa prévôté royale, c'est-à-dire sa charge et ses droits de haut justicier, moyennant un cens annuel de 144 livres 9 sols parisis, payables à raison de 12 livres 9 deniers par mois ;

2° Son minage, c'est-à-dire son contrôle et ses droits sur les mines ou mesures pour les grains, moyennant 30 muids de froment, mesure de Senlis, à livrer annuellement à Paris;

3° Ses droits de cens sur La Neuville, appelée depuis Royal-lieu, moyennant 20 muids d'avoine et 320 chapons à fournir également à Paris chaque année, sans que cette redevance pût jamais varier, que la population vînt à augmenter ou à diminuer ;

4° Les foresteries de Compiègne et de Giromesnil ou Saint-Sauveur, c'est-à-dire la surveillance et la perception des droits sur les usagers de ces deux résidences, moyennant 260 livres de cire et 260 poules.

Les habitants de Royallieu, en vertu d'une concession de la reine-mère Adélaïde, pouvaient prendre gratuitement dans la forêt tout le bois de construction et de chauffage dont ils avaient besoin.

Louis VII conserva néanmoins sa grange dîmeresse et ses dépendances, son cens dans la ville de Compiègne, ses droits de capitation, de fumage ou chauffage, ses droits sur Venette, sauf ce qui revenait à la prévôté de Compiègne, ses avoines de la maréchaussée ou circonscription censuelle de Venette, ses avoines pour des concessions en forêt, ses courtes-pointes ou droits de literie, son bûcher garni, ses charriages ou corvées de charroi de Venette, sa volière pour les perdrix ou autre gibier, les fours des verriers, sauf ce que le prévôt avait le droit d'y percevoir, et enfin tous les autres droits non donnés à cens d'une manière déterminée.

Sans doute, de grands avantages résultaient pour Compiègne de cette bienveillance royale. Son autonomie allait se dessiner de plus en plus. Mais les charges qui lui incombaient pouvaient devenir écrasantes ; l'avenir nous le fera voir.

En 1186, par une charte datée de Château-Neuf-sur-Loire, Philippe-Auguste ratifia toutes les concessions faites par son père aux bourgeois de Compiègne. Il leur céda en outre le tonlieu, le change, le four banal, le charriage de Venette et deux aires de moulin au pont de Compiègne. Mais il éleva la redevance annuelle, fixée pour la prévôté, de 144 l. 9 s. parisis à 160 livres. Si les privilèges se multipliaient, les contributions aussi augmentaient.

Les communiers s'en consolaient à la pensée de jouir désormais d'une plus complète liberté, de n'être plus tenus, quand ils seraient cités en justice par le roi, de comparaître ailleurs que sur la place de Compiègne, désignée pour leurs plaids, et d'avoir bientôt, pour la vente de leurs marchandises, une halle dont ils percevraient les revenus. Le roi leur donnait l'assurance que tout était ainsi réglé à perpétuité.

V

Les droits de la ville étant délimités par des chartes si précises, tout devait, ce semble, marcher à souhait. Et pourtant, des difficultés sérieuses ne tardèrent pas à surgir tant avec l'abbaye de Saint-Corneille qui avait provoqué l'érection de la commune, qu'avec les officiers du roi et l'évêque de Soissons de qui dépendait Compiègne.

Le premier conflit s'éleva au sujet d'une place appelée la Cour-le-Roy, située devant le monastère de Saint-Corneille. Les bourgeois s'étaient emparés de cette place, comme si les religieux n'y avaient aucun droit. Philippe-Auguste dut intervenir. L'arrangement suivant fut accepté au mois d'août 1201. Les bourgeois s'engagèrent à ne plus désormais établir ni étaux, ni haillons ou bancs d'étalagistes, ni boutiques d'aucune sorte à demeure sur la place, en dehors de ce qui était déjà monté. Pour les foires et marchés qui se tiennent régulièrement à Compiègne, il fut convenu qu'on organiserait des installations mobiles, selon les besoins du commerce, et qu'on les ferait disparaître aussitôt après le départ des marchands. L'abbé renonça à ses droits de justice sur la place, sauf pendant les trois jours de foire de la Mi-Carême. Cent sous parisis de redevance annuelle, payable à la Saint-Remy, lui furent offerts en échange.

Une nouvelle cause de désaccord fut le droit de rivage. Les religieux l'exigeaient de toutes les marchandises qui descendaient ou remontaient la rivière d'Oise et se déchargeaient à Compiègne. La commune soutint qu'elle ne devait payer ce droit que pour le vin. L'affaire fut, en l'année 1206, remise à l'arbitrage de l'abbé d'Ourscamps et des baillis royaux Guillaume Paste et Renaut de Béthisy. La réclamation des bourgeois parut en partie fondée. C'est pourquoi, il fut décidé que si un marchand, étranger à la commune, entrait en relations de commerce avec un bourgeois, ce dernier demeurerait exempt du droit de rivage, sauf pour le vin, quand, sur la demande de l'abbé, il pourrait certifier et jurer que les marchandises, introduites dans la ville, sont sa propriété exclusive.

Un an plus tard, la paix se trouva encore rompue par le fait des bourgeois. Le roi leur avait permis de construire une halle. Sans s'inquiéter des droits d'autrui et sans se munir d'aucune autorisation, ils bâtirent leur halle sur un terrain dépendant du monastère de Saint-Corneille. L'abbé protesta contre cette usurpation. Pourtant force lui fut d'accepter le fait accompli. Il abandonna son terrain moyennant 20 sous parisis de surcens annuel, payable à la Saint-Remy, non compris le premier cens de 4 sous 3 deniers, et à la réserve du forage, du rouage et de la justice.

Compiègne avait alors pour maire Jean d'Estrées. Il y a tout lieu de croire que ce maire était déjà en exercice en 1201, car la charte relative à la Cour-le-Roy *Curia Regis* porte *Johannes major*, mais sans mentionner le nom de terre. Ce serait le troisième maire connu de Compiègne, car en 1183, le moulin près du pont fut donné à cens à Roger de Verberie par un maire appelé Pierre, et. si l'on en croit dom Gilleson, en 1163, un maire de Compiègne, nommé Evrard ou Guérard, aurait servi de témoin dans une convention entre Ansout, abbé de Saint-Corneille, et Aubry de Roye pour le rétablissement du village de Becquigny.

En 1208, Philippe-Auguste dut composer avec la ville de Compiègne, relativement à la prévôté de Margny. Pour s'éviter toutes sortes d'embarras de ce côté, il abandonna à perpétuité aux maire et jurés de Compiègne, tout ce qui lui appartenait à Margny en redevances, produits et droits de justice, les revenus de la prairie, l'impôt sur le poisson et le sel, tout ce que le prévôt de Pierrefonds tenait à Compiègne, excepté le péage, travers ou passage, la justice du péage et la maison d'Agathe de Pierrefonds. Il les constitua ses prévôts et leur concéda les frais de procédure et les amendes jusqu'à concurrence de 60 sous, se réservant le surplus; mais il les taxa à lui payer annuellement 120 livres aux termes usités pour les autres prévôtés. Un an après, nous l'avons déjà dit, dans une charte datée d'Anet, il confirma la charte communale de 1153. La concorde était assurée pour longtemps.

VI

Trois quarts de siècle vont en effet s'écouler sans que nous ayons à enregistrer aucun dissentiment grave entre la commune et son voisinage.

Vers l'an 1280, l'évêque de Soissons, Milon de Bazoches

agita le brandon de discorde. Très soucieux de faire respecter ses prérogatives, il prétendit que les clercs de Compiègne, pris en flagrant délit, lui seraient remis par le maire et les jurés, pour être jugés devant son tribunal. L'abbé de Saint-Corneille, à qui seul, de temps immémorial, était dévolue la juridiction sur les clercs de la ville et de la banlieue, revendiqua ses droits auprès de la commune, résista aux prétentions du prélat et s'efforça de lui prouver son erreur. Celui-ci s'obstine dans ses prétentions. L'intervention du Roi n'aboutit à aucun résultat. L'abbé de Saint-Corneille, Pierre du Bois de Libus, dit d'Estrées, frère de Raoul d'Estrées, maréchal de France, se voit alors obligé, pour avoir raison de son opiniâtreté, de fulminer contre lui d'abord la suspense, ensuite l'excommunication, en vertu de pouvoirs spéciaux, jadis obtenus de Rome pour la protection des biens du monastère.

Enfin, le 28 janvier 1284 (1285 n. s.), Milon de Bazoches reconnut ses torts et la bonne intelligence se trouva rétablie.

Au mois de juillet suivant, Mathieu, abbé de Saint-Denis, et Simon, seigneur de Nesle, lieutenant du roi, furent appelés à juger un nouveau différend survenu entre le monastère et la ville, au sujet d'un porche que les religieux voulaient faire bâtir entre les contreforts de leur église. Le maire et les jurés s'opposaient à la construction du porche, sous prétexte qu'en cet endroit le terrain appartenait à la ville ainsi que la justice. Les religieux eurent gain de cause, mais à la condition de ne laisser établir sous ce porche aucun banc d'étalagiste pour y vendre des marchandises.

Cet arrêt de la cour royale, loin de mettre fin à toute dissension, ne fit pour ainsi dire qu'ouvrir une ère de querelles.

En juin 1292, vingt motifs de plainte furent soumis au Parlement contre la commune par l'abbaye. L'année suivante, il lui fallut reprendre ses décisions et sous-œuvre et en expliquer certains termes sur lesquels on ne parvenait pas encore à s'entendre.

Le 25 mars 1294 (1295 n. s.), il eut à examiner cinq autres sujets de contestation. La fièvre des procès, loin de diminuer grandissait toujours. En 1300 et 1301, 1310 et 1312, nous retrouvons les bourgeois aux prises encore avec les religieux. Hélas ! toutes ces querelles ruinaient la commune. Les charges pesaient chaque jour plus lourdement sur les habitants. La misère se laissait entrevoir. C'est alors qu'on se décida à prier le roi d'avoir pitié des finances de la ville. Philippe V acquiesça à cette demande. Par lettres datées de Germigny-sur-Marne en septembre 1319, il remplaça le régime communal par une simple prévôté et chargea six sergents de garder Compiègne jour et nuit.

VII

Nous voudrions donner la liste complète des maires de Compiègne depuis l'érection de la commune jusqu'à sa transformation en prévôté, mais peu de noms sont venus jusqu'à nous.

Nous connaissons déjà :

Evrard qui gouvernait la ville en 1163 ;

Pierre qui, en 1183, donna à cens à Roger de Verberie le moulin situé près du pont ;

Jean d'Estrées qui traita, en 1201, la question de la Cour-le-Roy et, en 1207, celle de la halle.

Viennent après, Herbert L'Escrivain, Raoul Vuiderue et Philippe Gemmart, sans aucune date.

En décembre 1215, le maire Gilles, *Ægidius*, et les jurés de Compiègne se rendent acquéreurs de tout ce que Hélisende, abbesse de Montmartre, et son couvent possédaient entre la forêt et l'Oise, moyennant un cens annuel de 10 livres parisis.

Il faut ensuite laisser passer quarante-huit ans, pour rencontrer un maire que les titres désignent par son nom.

En 1263, Jean Prouvençal, maire de Compiègne, est cité dans une enquête, demandée au Roi par Jean Formet, bourgeois de Compiègne, à propos d'une condamnation à 20 sous d'amende que lui avait infligée le bailli, Geoffroi de Ronquerolles. Le motif de cette condamnation était que Jean Formet avait blessé, bien légèrement cependant, son voisin Willemez Pinçon, alors qu'étant ivre, il tançait sa dame Isabelle. Comme il refusa de payer l'amende, on l'enferma pendant six semaines, dans la tour malgré sa qualité de clerc. Il en résulta pour lui une dépense de plus de vingt livres tournois.

Suivant dom Gilleson, Guillaume Lardé aurait été maire et prévôt de la ville en 1274 et Roger de Coudun en 1279.

Le 19 octobre 1293, Etienne Lardes, prévôt et maire de Compiègne, d'accord avec les jurés de la ville, donna, moyennant un cens annuel et perpétuel de 10 livres à Guillaume de Laon, bourgeois de Compiègne, et Marie, sa femme, une maison sise devant les Changes, appartenante à la Table-Dieu.

L'an 1303, Foucart Harel fit fondre la cloche du beffroi, sur laquelle on lit encore :

✝ BANCLOKE : SUI : MOI : FIST : ON : FAIRE :
AU : TEMS : FOUKART : HAREL : LE · MAIRE :
L'AN : M : CCC : ET : III : DE : KI :
MAISTRES : FU : GILLS : DE : BLIKI :
IL : ET : GUILLIAUMES : DE : CROISILLS :
CI : TIENT : A : CLEUS : ET : A : KEVILLES :
A : MON : SON : LA : VILLE : S'AÜNE :
POUR : LA : NÉCESSITÉ : COMMUNE.

Vous pouvez traduire ainsi :

Cloche du ban, on m'a jadis fait faire,
Quand gouvernait Foucart Harel, le maire,
De Jésus-Christ en l'an mil trois cent trois.
J'eus deux fondeurs, très experts, fort adroits,
Gills de Bliquy, Guillaume de Croisilles,
Pour me suspendre, on mit clous et chevilles.
Lorsque je sonne, on doit se réunir :
L'affaire presse, il faut vite en finir.

Le 20 octobre 1310, Michel Loutraus, maire de Compiègne, accepte l'arbitrage que lui propose Robert de la Neuville, bailli de Senlis, pour terminer le différend qui existait entre la commune de Compiègne et l'abbaye d'Ourscamp, relativement aux vins que les religieux faisaient passer devant Compiègne sur la rivière d'Oise, sans payer aucun droit. Les arbitres, Raoul sire de Fayel, et Henri Troussel de Jonquières, décident que les moines pourront faire passer en franchise tous les vins de leur récolte et même des vins d'Auxerre, jusqu'à concurrence de 140 pièces.

Pierre l'Orfèvre, dit d'Auxerre, fut, au témoignage de dom Gilleson, le dernier maire.

L'administration de la ville fut remise, le 2 septembre 1319, au prévôt, nouvellement constitué, Richard de Piloy.

La commune avait duré 216 ans.

Compiègne. — Imprimerie HENRY LEFEBVRE, rue de Solferino, 31.

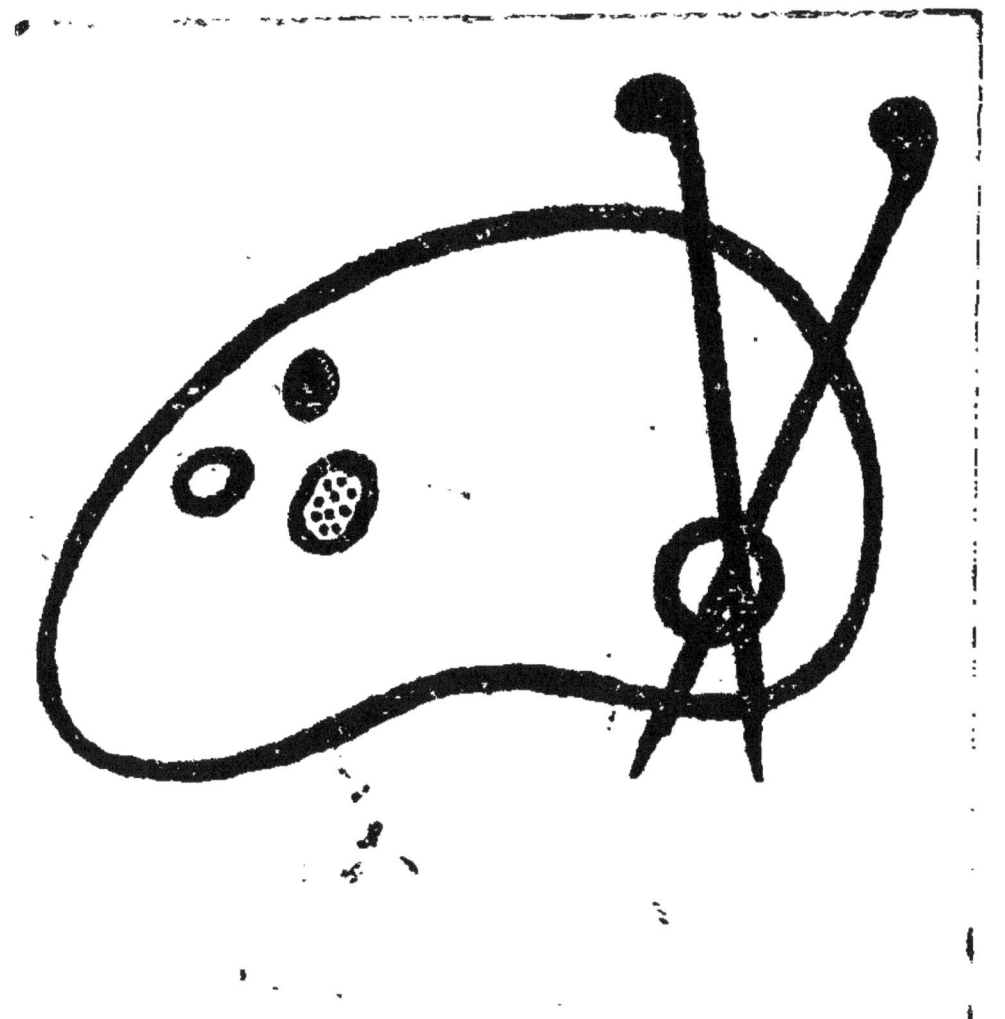

Original en couleur

NF Z 43-120-8

www.ingramcontent.com/pod-product-compliance
Lightning Source LLC
Chambersburg PA
CBHW060934050426
42453CB00010B/2010